LE PRISONNIER A LONDRES,

ou

LES PRÉLIMINAIRES DE PAIX;

COMÉDIE - VAUDEVILLE EN UN ACTE;

Par les Cens. BOUTARD et BEUCHOT.

Se vend à PARIS,

Chez BARBA, Libraire, Palais du Tribunat;
Et chez les Marchands de Nouveautés.

AN X.

PERSONNAGES.

M. HAPPY.

Mme. HAPPY.

FANNY, *leur fille.*

LÉON, *Officier français, prisonnier de guerre.*

M. BURNE.

La Scène est à Londres, chez M. HAPPY.

LE PRISONNIER A LONDRES,

OU

LES PRÉLIMINAIRES DE PAIX;

COMÉDIE - VAUDEVILLE EN UN ACTE.

SCÈNE PREMIÈRE.

Mr. et Mme. HAPPY.

Mme. HAPPY.

Vous n'y pensez donc pas, M. Happy ! Quoi sérieusement vous donneriez votre fille à ce Léon ?

M. HAPPY.

Pourquoi pas ? Il l'aime, il en est aimé, voilà tout ce qu'il faut.

Mme HAPPY.

Mais songez donc à la manière dont vous avez fait sa connaissance.

M. HAPPY.

Rien de plus simple. Je me trouve passager sur un vaisseau qui amenait à Londres, plusieurs prisonniers de guerre français; j'y distingue Léon. Sa figure, sa jeunesse, son malheur m'intéressent. Je découvre en lui des qualités précieuses; j'obtiens de le garder près de moi; je l'occupe dans mon petit commerce; son zèle, son intelligence me font prospérer chaque jour davantage, Je ne vois pas ce qui pourrait m'empêcher de l'admettre dans ma famille.

Mme. HAPPY.

Songez qu'il vous doit tout, et que vous ne lui devez rien.

AIR: *Vaudeville des Visitandines.*

Léon, par le sort de la guerre,
Éprouve un destin rigoureux;
Votre bon cœur, à sa misère,
Offre des secours généreux,
Qu'à vous, par la reconnaissance,
Il soit attaché; c'est fort bien.

M. HAPPY.

Je connais un plus fort lien,
C'est celui de la bienfaisance.

Mme. HAPPY.

Remerciez le ciel de vous avoir donné une femme comme moi.

M. HAPPY.

Pourquoi?

Mme. HAPPY.

Pour vous empêcher de faire des sotises; oubliez-vous qu'il est français, et que sa nation est en guerre avec la nôtre?

M. HAPPY.

Qu'importe.

AIR : *De Joconde.*

De nos erreurs, de nos excès
Dois-je le rendre responsable ?
Je suis homme avant d'être anglais,
Et je vois en lui mon semblable.
En vain des démêlés affreux
Arment la France et l'Angleterre,
Je sens qu'avec les malheureux
On ne doit jamais être en guerre.

Mme. HAPPY.

Je pense comme vous. Mais est-ce une raison pour donner notre fille à un homme tombé des nues ? Connaissez-vous seulement sa famille ?

M. HAPPY.

Elle est honnête.

Mme. HAPPY.

Qui vous l'a dit ?

M. HAPPY.

Lui-même.

Mme. HAPPY.

Fiez-vous-y.

M. HAPPY.

J'ai d'autres preuves.

Mme. HAPPY.

Aussi bonnes ?

M. HAPPY.

Sûres.

Mme. HAPPY.

Les quelles ?

M. HAPPY.

Ses sentimens. Voilà la pierre-de-touche qui ne trompe jamais.

Mme. HAPPY.

Cette pierre-de-touche vous dit-elle aussi quelle est sa fortune ?

M. HAPPY.

Il est laborieux, et nous n'avons que cet enfant.

Mme. HAPPY.

Ah ! je connais un époux qui lui convient bien mieux que votre Léon, il ne lui manque rien ; fortune, naissance, amabilité. Voilà un homme fait pour le bonheur d'une jeune personne.

M. HAPPY.

Et quel est ce phénix ?

Mme. HAPPY.

Notre ami, M. Burne.

M. HAPPY.

Ah ! ma femme, y pensez-vous ? il a près de cinquante ans.

Mme. HAPPY.

Il a de quoi faire oublier son âge.

M. HAPPY.

Notre Fanny ne pensera pas de même.

AIR : *Comment goûter quelque repos.*

Contre le penchant de son cœur
Exiger qu'elle se marie,
D'un nœud, le charme de la vie,
C'est vouloir faire son malheur.

Mme. HAPPY.

Loin de nous ces tristes présages,
Ne voyons-nous pas tous les jours
Des mariages sans amours,
Et des amours sans mariages?

M. HAPPY.

Ce n'est pas ce qu'on fait de mieux, et je crois toujours que Léon . . . le voici justement . . . il plaidera sa cause lui-même.

SCÈNE II.

LES PRÉCÉDENS, LÉON.

LÉON.

Je salue M. et Mad^e^. Happy.

M. HAPPY.

Bon jour, mon ami, vous paraissez bien ému?

LÉON.

Et j'ai sujet de l'être.

M. HAPPY.

Qu'arrive-t-il donc?

LÉON.

Vous savez avec quelle rapidité, les parlementaires se succèdent depuis quelque tems. Il vient d'en arriver un à l'instant même, et aussi-tôt le bruit s'est répandu qu'il était porteur de la signature des préliminaires de paix.

M. HAPPY.

Se pourrait-il ?

Mme. HAPPY.

Ceci me paraît au moins un peu prématuré.

M. HAPPY.

Il est vrai que nous y avons été trompés plus d'une fois.

LÉON.

Eh pourquoi se refuser à une si douce espérance ?

M. HAPPY.

Ah! mon ami, croyez que je la desire aussi vivement que vous. La paix est toujours une bonne chose.

AIR : *Soirée orageuse.*

Mon ami, comme à votre cœur,
La paix au mien fut toujours chère,
Et je sens que pour le bonheur
La paix en tout est nécessaire ;
Il faut l'avoir dans son pays,
L'avoir avec celle qu'on aime,
L'avoir avec tous ses amis,
Enfin l'avoir avec soi-même.

LÉON.

Ce n'est pas-là ce qui vous manque ; votre vie n'est consacrée qu'à faire des heureux, et vous avez une épouse qui vous seconde si bien.

Mme. HAPPY.

M. Léon est galant.

LÉON.

Le langage de la reconnaissance doit pourtant bien peu ressembler à celui de la galanterie.

M. HAPPY.

Dites-lui des douceurs ; il n'y a qu'un moment qu'elle me parlait contre vous.

LÉON.

Se pourrait-il ! Madame . . . aurais-je eu le malheur de vous déplaire !

Mme. HAPPY.

Non . . . mais j'observais à mon époux, avec quelque raison, je pense, qu'au moment de voir recommencer la guerre plus fortement que jamais ; peut-être de voir les Français envahir nos bords, il ne nous convenait pas de songer à une union, à laquelle vous paraissez aspirer.

LÉON.

Je ne m'en défends pas, Madame, j'aime mademoiselle Fanny plus que ma vie, et tous mes vœux tendent à obtenir sa main. Mais à Dieu ne plaise que je la demande, tant qu'une guerre cruelle divisera nos deux nations. Ce n'est point dans l'état où je suis, que je dois aspirer à tant de bonheur . . . Qu'il me soit seulement permis d'y prétendre, si la paix vient combler tous mes vœux.

M. HAPPY.

J'espère, ma femme, que voilà un jeune homme raisonnable.

Mme. HAPPY.

Au reste, une chose de cette importance ne peut pas se traiter légèrement ; nous en parlerons plus sérieusement, si les bruits de paix ne se trouvent pas démentis.

LÉON.

Vous me rendez la vie. J'ai un préssentiment qu'ils ne tarderont pas à être confirmés ; je ne réponds pourtant pas qu'il ne se fasse une descente.

AIR : *Pas de charge.*

La route de Douvre à Calais
Ne sera plus déserte,
Et bientôt de vaisseaux français
La mer sera couverte.
Vous verrez nos braves guerriers
Abordant votre rive,
Au lieu d'y chercher des lauriers,
Y débarquer l'olive.

Mme. HAPPY.

Nous irons à notre tour revoir le continent.

AIR : *Fanfare de St.-Cloud.*

Que d'Anglais, de leur patrie,
A leur tour vont s'absenter !
Dans la France et l'Italie
Que de lieux à visiter !
Ce n'est plus le Capitole,
Versailles, ni Chanteloup, . . .
C'est Marengo, c'est Arcole,
C'est Malmaison et St. - Cloud.

Mme. HAPPY.

Pour le moment, mon cher époux, c'est votre comptoir et vos affaires.

M. HAPPY.

Vous avez raison, madame Happy, et nous descendons ensemble.

SCÈNE III.

LÉON, *seul.*

Quel homme que ce M. Happy, je donnerais ma vie pour lui. . . . Pour Madame. . . . Il me semble pourtant qu'elle s'est montrée aujourd'hui beaucoup moins sévère à mon égard. La chère Dame n'aime pas trop les Français. . . . . Au reste c'est bien un peu pardonnable.

AIR : *La comédie est un miroir.*

Elle n'aime pas nos héros,
C'est par amour pour sa patrie,
Elle voit en nous des rivaux,
Pour la gloire et pour l'industrie ;
Aussi chacun de nos succès,
Dans son cœur jettait les allarmes,
Et sous ce rapport, les Français
N'ont pas trop ménagé ses larmes.

SCÈNE IV.

LÉON, FANNY.

FANNY.

Eh bien Léon ! tu as vu mon père. Que t'a-t-il dit ?

LÉON.

Rien que de très-encourageant. Tu sais que ce n'est pas lui que je crains.

FANNY.

Je sais que ma mère n'a pas tout-à-fait pour toi la même amitié.

LÉON.

Elle reviendra, je l'espère, de l'opinion défavorable qu'elle a contre les Français. La nouvelle que je viens de lui donner, paraît même avoir commencé sa conversion.

FANNY.

Quelle est donc cette nouvelle ?

LÉON.

Tu l'ignores encore ! La signature des préliminaires de paix.

FANNY.

Se pourrait-il ! . , . . et d'où le sais-tu ?

LÉON.

Ce n'est encore qu'un bruit vague. . . Mais mille paris sont ouverts en sa faveur.

FANNY.

AIR : *Pipe de tabac.*

Pour moi je n'ose y croire encore,
Malgré tant de paris ouverts.
Que de fois on crut voir l'aurore
D'un jour si beau pour l'univers !

LÉON.

Et moi j'espere que c'est enfin tout de bon:

Sous un héros cher à la gloire,
La victoire suit les Français ;
La paix doit suivre la victoire.

FANNY.

Et le bonheur suivra la paix.

LÉON.

Pour moi sur-tout, ma bonne amie, qui pourrai à la fois prétendre à ta main, et revoir ma patrie.

AIR : *Femmes voulez-vous éprouver.*

Oui bientôt, graces à la paix,
Je vais revoir encor la France,
Puissent alors tous les Français
Goûter la même jouissance ;
Puissent tous ceux dont le desir
Fixe cette terre chérie,
Absous par un long répentir,
Avoir enfin une patrie.

FANNY.

Songes bien, mon ami, que tu ne dois pas y retourner seul.

LÉON.

Puis-je l'oublier un seul instant ! Mais je songe aussi qu'avant d'arriver là, nous avons bien des obstacles à vaincre.

FANNY.

Il est vrai que ma mère est cruellement entichée de son M. Burne.

LÉON.

C'est là le plus grand ; et notre bonheur seroit assuré, si tu venais à bout de le dégouter de ce mariage.

FANNY.

Comment y parvenir ?

LÉON.

Je sens, ma bonne amie, que c'est difficile. Mais eut être n'est-ce pas impossible.

FANNY.

Explique toi.

LÉON.

Tu sais que M. Burne déclame souvent contre la légereté des femmes françaises, tâche à ses yeux d'imiter leur coquetterie.

FANNY.

Cela me sera difficile.

LÉON.

Moins que tu ne penses.

AIR : *Vaudeville des deux veuves.*

D'un ton léger, mais résolu,
Parle-lui de ton mariage,
Dis-lui qu'un empire absolu
En tout tems sera ton partage ;
Que tu veux de cent freluquets
Recevoir l'hommage à ton aise.

FANNY.

Oui, je prendrai l'esprit français.

LÉON.

Mais garde le cœur d'une anglaise.

SCÈNE V.

LÉON, FANNY, BURNE.

BURNE.

Je vous trouve enfin, Mademoiselle. Je vous dérange peut être ?

LÉON.

Cela se peut.

BURNE.

Monsieur vous faisait ses adieux.

LÉON.

Vous ne feriez peut-être pas si mal de faire les vôtres.

FANNY.

La nouvelle est donc sûre ?

BURNE.

A n'en plus douter. . . . Vous m'en voyez encore tout transporté de joie.

FANNY.

Eh qui pourrait rester froid à un pareil événement !

LÉON.

Quel beau jour !

BURNE.

Quel doux moment !

LÉON.

Nous avons donc enfin la paix !

BURNE.

La guerre.

FANNY.

La guerre !

LÉON.

Vous croyez ?

BURNE.

Sans doute. Les négociations sont rompues, et l'incendie va une seconde fois devenir général.

LÉON.

Cela ne se peut pas.

BURNE.

Je le tiens de bonne part.

LÉON.

On vous a trompé.

BURNE.

Dans peu d'instans, vous n'en douterez plus. J'en suis si sûr, que je viens de faire une spéculation, à laquelle j'ai employé tous mes capitaux.

LÉON.

Aurait-on oublié que tout est prêt pour une descente.

BURNE.

Une descente, ah! ah! Il y a longtems qu'on ne s'en effraye plus. On ne trouve pas souvent un Jules-César.

LÉON.

AIR: *Daignez m'épargner le reste.*

Jules-César voit, je le sais,
Son nom au temple de la gloire,
Ses commentaires, ses hauts-faits
Immortalisent sa mémoire.
C'est à des titres bien plus beaux
Qu'un français étonne la terre,
Pour être immortel, ce heros
N'a pas besoin de *commentaire.*

BURNE.

Vous ne savez jamais nous parler que de vos grands hommes; nous avons aussi les nôtres.

LÉON.

Je n'en doute pas.

BURNE.

Dans la guerre et dans les sciences?

LÉON.

Je le sais.

AIR: *Je vous comprendrai toujours bien.*

Par votre sublime Newton,
Dans les fastes de la science,
Vous prétendez, avec raison,
Occuper un espace immense;
Semblable au cèdre audacieux
Que nul autre arbre ne domine,
Votre front atteint jusqu'aux cieux,
Mais vous n'avez pas de *racine*.

BURNE.

Nous avons des grands hommes dans tous les genres.

LÉON.

Nous n'en avons pas moins que vous.

BURNE.

AIR: *Molière à Lyon.*

Pope, Sakespir, Adisson.

LÉON.

Despréaux, Corneille, Voltaire.

BURNE.

Sterne, Bacon et Richardson.

LÉON.

Rousseau, La Fontaine et Molière.

Tenez, M. Burne.

Sans vouloir lutter de talent,
Chacun a son genre de gloire.
Vous êtes fort dans le *roman*,
Et nous, nous brillons dans *l'histoire*.

BURNE.

Doucement, Monsieur, doucement; attendons, s'il vous plait, la fin de cette guerre.

LÉON.

Cela ne sera pas long, M. Burne; et il est tems de vous apprendre qu'il vient d'arriver, il n'y a pas une heure, un parlementaire qu'on dit porteur de la signature des Préliminaires de paix.

BURNE.

Il est tems de vous apprendre que ce parlementaire qui détruit tout espoir de paix, n'a d'autre objet qu'un échange de prisonniers, et que vous y êtes nominativement compris.

LÉON.

Se pourrait-il! Mes espérances seraient-elles renversées! Faudrait-il partir sans espoir de retour! . . . Pardon si je vous quitte. . . Mais dans un instant, je reviens confirmer ou détruire cette nouvelle.

SCÈNE VI.

BURNE, FANNY.

BURNE.

Il ne s'attendait gueres à ce coup là; et voilà je crois mes affaires en bon train.

FANNY, *à part.*

Tâchons d'exécuter les conseils de Léon.

BURNE.

BURNE.

Eh bien, Mademoiselle, puis-je espérer enfin de voir cesser une rivalité qui m'afflige autant qu'elle m'étonne.

FANNY.

Il est modeste! —Quoi vous croyez Léon redoutable?

BURNE.

Non sans doute. D'ailleurs le voilà à la veille de partir, et comme selon toutes les apparences, il ne pourra de sitôt, remettre les pieds en Angleterre, je pense qu'il vous sera aisé de l'oublier.

FANNY.

C'est souvent plus difficile qu'on ne croit.

BURNE.

Il ne tardera pas à vous en donner l'exemple, et je ne doute pas qu'après un mois de séjour en France au plus, il ne trouve quelque jeune fille bien étourdie, bien coquette, qui lui tourne la tête.

FANNY.

Je vois que vous n'aimez guères les Françaises.

BURNE.

Pas plus que les Français.

AIR (de la prise de Toulon) : *On vante beaucoup les Anglaises.*

On trouve la Française aimable,
Pour moi je n'en suis pas épris.
L'Anglaise est bien plus raisonnable,
Et mon cœur lui donne le prix.
L'une est sémillante et légère,
L'autre est plus lente à s'enflammer;

L'une connaît mieux l'art de plaire,
Et l'autre sait mieux l'art d'aimer.

On trouve, etc.

L'une éblouit, l'autre intéresse,
Toutes deux savent engager ;
L'une éveille en nous la tendresse,
Et l'autre nous y fait songer.

On trouve, etc.

FANNY.

Je crois en vérité que vous devenez aimable.

BURNE.

Je le serais beaucoup, si j'obtenais votre aveu.

FANNY.

Vous voulez donc sérieusement vous marier ?

BURNE.

Très-sérieusement.

FANNY.

Y avez-vous bien réfléchi? Savez-vous ce que c'est que de prendre femme ?

BURNE.

Je sais qu'on aime à s'égayer aux dépens des maris, mais cela ne m'effraye point.

FANNY.

Et vous avez bien raison.

AIR: *D'un époux chéri la tendresse* (d'Adolphe et Clara).

Il est ici plus d'un critique
Que l'impuissance rend jaloux,
Qui sans relâche contre nous
Exerce son humeur caustique ;

Mais en dépit de ses discours,
La vertu nous est toujours chère,
Et nous nous défendons toujours...
D'un amant qui sait nous déplaire.

BURNE.

Peste ! le sublime effort ! D'ailleurs je connais votre caractère.

FANNY.

AIR: *Il faut des époux assortis.*

Oui, je le dis sans vanité,
Je me crois un bon caractère,
Lorsque j'ai sujet de gaité,
On ne me voit point en colère;
Je suis docile, et l'on ne peut,
Chez moi, rien trouver à redire:
Car je fais tout ce que l'on veut
Quand on veut ce que je desire.

BURNE.

Hem ! — On voit bien qu'elle a pris des leçons d'un français. Mais le mal n'est pas encore grand, et je le guérirai. — Oui, vos desirs seront toujours les miens.

FANNY.

A merveille. Je veux récompenser d'avance d'aussi louables intentions.

BURNE.

Quoi donc?

FANNY.

Vous enseigner un secret pour plaire aux dames.

AIR : *Si Pauline est dans l'indigence.*

Soyez badin, léger, volage,
Frivole, aimable et complaisant.
Un triste et grave personnage
Ne saurait nous plaire un moment,
Et si l'hymen enfin vous lie,
Soyez bien fidèle à vos nœuds.

Car.

Il faut, avec femme jolie,
De la fidélité pour deux.

BURNE.

Je ne la reconnais plus !

FANNY.

C'est qu'il faut qu'un mari soit bien aimable pour nous faire oublier la pesanteur des charmes de l'hymen.

AIR : *Des dettes.*

Quand on voit couler chaque jour
Sous les étendards de l'amour,
Les ans sont des journées ;
De l'hymen serre-t-on les nœuds
Hélas ! après un mois ou deux,
Les jours sont des années.

BURNE.

Oh c'en est trop . . . . Allons trouver madame Happy, pour lui apprendre les heureuses dispositions de sa fille.

SCÈNE VII.

FANNY.

Il a bien fait de partir. Je n'aurais pas pu soutenir plus longtems un pareil rôle . . . Que vais-je devenir si Léon est obligé de partir, et si la guerre se rallume . . . En l'attendant, hâtons-nous d'achever ce dessin ; c'était pour lui que je brodais ces fleurs . . . c'était lui qui les avait choisies.

AIR : *Souvent la nuit quand je sommeille.*

La prime-vere est l'espérance,
La tulipe, l'honnêteté,
La belle-de-nuit, jouissance,
Et l'œillet, la fidélité.
Chaque fleur est fort bien placée,
Et puis avec habileté
J'ai mis le souci de côté,
Sur le cœur j'ai mis la pensée.

SCÈNE VIII.

LÉON, FANNY.

FANNY.

Eh bien, Léon, se pourrait-il ?

LÉON.

N'achèves pas, ce n'est que trop vrai.

FANNY.

Tu avais ce matin de si belles espérances ?

LÉON

Elles se sont évanouies . . . On parle de guerre plus que jamais. Le parlementaire était pour une échange de prisonniers, et dans une heure au plus tard, il faut que je te quitte, il faut que je quitte ce que j'ai de plus cher au monde.

FANNY.

Toi partir! dans une heure! Toi me quitter! Et qui peut t'en faire une loi?

LÉON.

L'honneur, ma patrie . . . .

FANNY.

N'ajoute rien; ces mots suffisent à une Anglaise, il faut donc nous quitter.

LÉON.

Il le faut.

FANNY.

Comme notre bonheur s'est vîte évanoui.

LÉON.

Il nous reste encore l'amour et l'espérance.

FANNY.

Oui, l'un pour nous déchirer, l'autre pour nous tromper peut-être!

LÉON.

Rassure-toi, mon amie, nous nous reverrons.

FANNY.

Eh quand!

LÉON.

Plutôt peut-être que tu ne penses. Je ne puis me

persuader que la paix soit aussi éloignée, qu'on paraît le craindre.

FANNY.

En attendant, nous ne nous verrons plus.

LÉON.

Nous nous aimerons toujours.

AIR : *Hippolyte.*

En vain le ciel, dans sa fureur,
Va nous séparer l'un de l'autre,
Que peut l'absence et sa rigueur
Sur un amour tel que le nôtre ?
Du lien qui régne entre nous,
Un nœud de ruban est l'image,
C'est en éloignant les deux bouts
Qu'on le resserre davantage.

FANNY.

Que les jours vont s'écouler lentement ! Que cette absence sera cruelle !

LÉON.

Nous tâcherons d'en adoucir l'amertume par une correspondance aussi douce que nécessaire à nos cœurs.

FANNY.

Oui, mon ami, je te le promets.

LÉON.

AIR : *La parole.*

Honneur et gloire à la beauté
Qui sut, ingénieuse et tendre,
Inventer en captivité,
L'art de converser sans s'entendre.

FANNY.

Interprête du sentiment,
De bien des maux, il nous console,
Pendant l'absence d'un amant,
C'est par ce commerce charmant
Qu'on peut suppléer..... la parole.

LÉON.

Oui, il adoucira nos peines.

FANNY.

Mais dissipera-t-il mes craintes?

LÉON.

Si l'un de nous deux pouvait en avoir, ne serait-ce pas plutôt moi?

FANNY.

Toi des craintes?

LÉON.

Et ce Burne!

FANNY.

Que je déteste.

LÉON.

Je le sais, mais ta mère ne cessera de te tourmenter, et si la guerre me condamne à une longue absence, quelle force d'ame ne te faudra-t-il pas pour combattre toujours, et ne jamais céder?

FANNY.

Ne souillons pas nos adieux par d'injustes soupçons. N'avons nous pas assez de nos chagrins réels?

LÉON.

Ah! je sens, comme toi, qu'ils sont affreux . . . Je pleure, je crois . . . Fanny . . . finissons cet entretien;

entretien ; laissez-moi encore assez de force pour mon départ.

FANNY.

Je sens que les miennes m'abandonnent ! Adieu, Léon, adieu.

SCÈNE IX.

LÉON, *seul.*

ADIEU, Fanny, adieu lieux adorés, où je la vis pour la première fois . . . Mais partirai-je sans voir ces braves gens !... Loin de moi une pareille idée... Les voici justement.

SCÈNE X.

Mr. et Mme. HAPPY, LÉON.

M. HAPPY.

CE que nous a dit M. Burne serait-il vrai ! Vous partez, Léon, et la guerre recommence !

LÉON.

Il ne vous a pas trompé, et j'allais vous faire mes adieux.

M. HAPPY.

Vos adieux, mon ami, quoi, sitôt ?

LÉON.

Recevez-les, M. et Mme. Happy ; recevez aussi l'expression de ma reconnaissance pour tous vos soins généreux. Songez quelquefois au pauvre Léon, et croyez qu'il sera toujours votre ami.

M. HAPPY.

Votre souvenir me sera toujours cher.

LÉON.

Il me reste une grace à vous demander.

M. HAPPY.

Laquelle ? Parlez.

LÉON.

Vous savez la promesse que vous m'avez faite ce matin.

M. HAPPY.

Vous vous rappellez, mon ami, à quelle condition.

LÉON.

Aussi ne viens-je pas vous demander de l'accomplir . . . Mais vous n'ignorez pas combien votre fille m'aime. La contrarier, ce serait la tuer. Attendez, avant de lui parler d'hymen, que le tems ait commencé la guérison de sa blessure.

M. HAPPY.

Vous savez combien nous aimons notre Fanny, et combien son bonheur nous est cher. Mais il faut qu'une jeune fille s'établisse, et si nous ne vous revoyons de longtems, il faudra bien songer à la marier, Qu'en dites vous, madame Happy ?

Mme. HAPPY.

Sans doute. S'il se présente un bon parti, pouvous-nous le refuser ?

AIR: *Le voyageur sentimental.*

Lorsque pour la main d'une fille
Un parti vient se présenter,
Je crois qu'on doit, dans sa famille,
L'admettre sans trop hésiter;
Car telle d'humeur difficile,
Par un malheur assez commun,
Après en avoir laissé mille,
Ne peut pas même en trouver un.

LÉON.

Eh bien! je ne vous demande qu'une chose. Promettez-moi seulement de ne pas lui parler de mariage avant un mois. Ce terme n'est pas long, et pourtant il adoucira notre séparation.

M. HAPPY.

Qu'en dites-vous, madame Happy?

Mme. HAPPY.

Mais . . .

M. HAPPY.

Je vous le promets, mon ami.

LÉON.

Vous me rendez la vie . . . Mais je n'ai pas de tems à perdre. Adieu, M. et Mme. Happy; adieu, Fanny, adieu.

SCÈNE XI.

M. et Mme. HAPPY.

Mme. HAPPY.

Vous promettez bien légèrement, M Happy.

M. HAPPY.

Je n'aurais jamais eu la force de le lui refuser! Ce pauvre garçon!

Mme. HAPPY.

Il m'intéressait aussi . . . Mais M. Burne est un si bon parti pour notre fille; nous lui devons des égards.

M. HAPPY.

Eh bien, s'il l'aime il attendra.

Mme. HAPPY.

Il me paraît bien pressant.

M. HAPPY.

Ma foi qu'il s'arrange! Notre fille est assez aimable pour ne pas manquer de parti.

Mme. HAPPY.

Celui-ci est un trésor.

M. HAPPY.

Fanny ne l'aime pas.

Mme. HAPPY.

Elle l'aimera.

M. HAPPY.

Je n'en crois rien.

Mme. HAPPY.

Je vous dis que cela viendra. Vous ne connaissez pas, comme moi, le cœur d'une fille.

AIR *Nouveau du jaloux malgré lui.*

Croyez qu'aprés un mois d'absence
Son amour se rallentira ;
Quelques mois encor, et je pense
Qu'aisément Burne lui plaira ;
Pour lui bientôt, en fille sage,
Vous la verrez se déclarer,
Car c'est sur-tout en mariage
Qu'il vaut mieux tenir qu'espérer.

M. HAPPY.

Fanny fera exception à la règle.

Mme. HAPPY.

Ce seroit un phénomene.

M. HAPPY.

Le beau bijou en effet que votre M. Burne, pour lui faire oublier l'aimable Léon!

Mme. HAPPY.

Le voici, ne brusquons rien, je vous prie, et laissez-moi lui annoncer notre projet avec quelque ménagement.

SCÈNE XII.

LES PRÉCÉDENS, BURNE.

Mme. HAPPY.

Eh bien, mon ami, tout va-t-il au gré de vos desirs ?

BURNE.

Toujours, et ma spéculation devient à chaque instant plus brillante.

M. HAPPY.

Savez-vous que vous avez été un peu hardi ?

BURNE.

Je ne risquais rien, j'étais sûr de la guerre.

M. HAPPY.

Mais c'est toujours une imprudence d'exposer tous vos capitaux dans une seule affaire.

BURNE.

Cela ne m'arrive que lorsque j'en trouve une sûre qui puisse me rendre cinquante pour cent en quinze jours.

M. HAPPY.

AIR: *Vingt mille francs quelle richesse !* (de Robert le bossu.)

Se peut-il qu'une seule affaire
Offre un gain si prodigieux,
Non, jamais un pareil salaire
Ne fut légitime à mes yeux.

BURNE.

Mon cher, de nos métamorphoses
Tout doit ressentir les effets,
Et le siècle des grandes choses
Est celui des gros intérêts.

M. HAPPY.

Comme les tems sont changés !

AIR : *La croisée.*

Jadis on bornait son desir
Au plus modeste bénéfice,
Pour espérer de s'enrichir,
Il fallait trente ans d'exercice.

BURNE.

Aujourd'hui, pour plus sûr moyen,
On fait quelques trous à la lune,
C'est sur-tout, en perdant son bien,
Qu'on vole à la fortune.

M. HAPPY.

Cela ne m'étonne pas.

AIR (de Doche) : *Dans ce salon où le Poussin.*

Par-tout, dans la société,
Le vice domine et circule;
On fait tout pour la vanité,
La sagesse est un ridicule,
Tel qui jadis se fit honneur
De la plus modeste tournure;
Aujourd'hui jouant le seigneur,
Ne se promène qu'en voiture.

BURNE.

Vous sentez, d'après cela, qu'on ne saurait être trop riche.

AIR : *Vaudeville de l'Opéra-comique.*

Contre les chagrins et l'ennui,
L'or est un remède infaillible;
Et l'on sait fort bien aujourd'hui
Qu'avec l'or tout devient possible.

En ménage, avec un trésor,
Toujours la paix nous environne :
Quand on entend résoner l'or,
Personne ne raisonne.

Aussi je pense qu'il n'y a plus d'obstacle à notre mariage.

Mme. HAPPY.

Non, sans doute ; vous savez si je suis fière de vous voir entrer dans ma famille. Quand on a votre esprit...

BURNE.

Et mes guinées?

Mme. HAPPY.

Votre amabilité . . .

BURNE.

Et mes marchandises ?

Mme. HAPPY.

Vos talens . . .

BURNE.

Et mes cargaisons ?

Mme. HAPPY.

Il ne vous manque rien, et je ne vois pas le moindre obstacle à cette union . . .

M. HAPPY.

Pourvu que Fanny n'en mette pas elle-même.

BURNE.

J'ose l'espérer.

Mme. HAPPY.

Je vous en réponds ; il ne vous manque, pour qu'elle vous apprécie, que de vous faire mieux connaître.

BURNE.

BURNE.

Je ne vois pas, pour cela, de meilleur moyen que de l'épouser.

M. HAPPY.

Vous avez raison, car on se connaît fort mal avant.

AIR : *Lorsque vous verrez un amant.*

Lorsqu'on joue un rôle d'amant,
On n'est que ce qu'on veut paraître ;
Il faut se voir plus d'un moment
Pour être sûrs de se connaître.
Combien d'époux qu'avant l'hymen
Aveugle une amoureuse flamme ;
Après un plus mûr examen,
Pensent avoir changé de femme.

BURNE.

Ce n'est pas ce que je crains ; et si vous voulez, ce soir même.

Mme HAPPY.

Y pensez-vous ? Léon est à peine parti.

BURNE.

A demain, donc.

Mme. HAPPY.

Demain ! c'est bien prompt ; il faut lui donner le tems de l'oublier un peu . . . D'ailleurs votre spéculation va vous occuper.

BURNE.

Allons, mettons cela à huit jours et n'en parlons plus. En attendant, disposez Fanny à cet hymen, faites luire à ses yeux les douceurs de la fortune ; moi je vais me mettre à même de réaliser mes brillantes promesses.

SCÈNE XIII.

LES PRÉCÉDENS, FANNY.

FANNY, *accourant, l'air un peu égaré.*

MON père, mon père, n'entendez-vous pas le canon ?

M. HAPPY.

Mais en effet, que peut-il signifier ?

BURNE.

Une victoire sur les Français.

M. HAPPY.

Vous croyez?

BURNE.

J'en suis sûr; j'ai vu arriver le courier.

FANNY.

Insensée ! j'avais cru appercevoir un rayon d'espoir.

BURNE.

Que voulez-vous que ce puisse être ! On vient d'expédier à la flotte l'ordre de mettre à la voile.

FANNY.

En ce cas, je me retire.

BURNE.

Quoi, déjà nous priver de votre vue ?

M. HAPPY.

Tu sembles nous fuir, Fanny.

FANNY.

Mon père, j'ai besoin d'être seule.

M. HAPPY.

Nous tâcherons de te distraire.

BURNE.

Nous tâcherons de vous égayer.

FANNY.

Vous y réussiriez mal.

BURNE.

Vous ne savez donc pas que je ne vais m'occuper que de votre bonheur.

FANNY.

Je vous en dispense, Monsieur, vos soins seraient perdus.

BURNE.

Savez-vous, madame Happy, que voilà des aveux peu galants.

Mme. HAPPY.

Sait-elle ce qu'elle dit? Laissez passer le premier moment de la douleur, et je m'en charge.

BURNE.

A la bonne heure.

FANNY.

Quel bruit! quels cris se font entendre!

SCÈNE XIV.

LES PRÉCEDENS, LÉON.

LÉON.

VICTOIRE, victoire,

BURNE.

Il est fou, je crois.

LÉON.

Victoire, mes amis, victoire.

FANNY.

Expliquez-vous, expliquez-vous.

LÉON.

La paix est signée, j'en mourrai de joie.

BURNE.

Se pourrait-il, juste ciel ! et ma spéculation . . . ! Mais non, cela ne se peut pas.

LÉON.

Gardez-vous d'en douter. Entendez le canon qui gronde.

BURNE.

Vous n'avez pas d'autre preuve ?

LÉON.

Je le tiens de la bouche même du Commissaire français.

BURNE.

Vous verrez qu'il y aura là-dessous quelque ruse.

LÉON.

Pour te punir de tes soupçons, sors et va voir l'allégresse publique.

BURNE.

Je suis ruiné . . . Oui je sors . . . mais je reviens à l'instant, madame Happy.

M. HAPPY.

Cela n'est plus nécessaire. (*Burne sort.*) Voilà donc la paix signée.

LÉON.

N'en signerons-nous pas bientôt une autre, madame Happy ?

Mme. HAPPY.

Nous verrons.

M. HAPPY.

Tout est vu, ma femme.

AIR : *Moi je puis compter sur Bastien.*

En voyant les rivaux amis,
Que je me sens l'ame ravie !
Oui, je veux que ce jour soit mis
Au rang des plus beaux de ma vie !
Que par l'amour, la bonne-foi,
Cet heureux lien se resserre :
Pour en donner l'exemple, moi
J'unis la FRANCE à L'ANGLETERRE.

LÉON, *à Fanny.*

Quel beau jour pour ton Léon !

FANNY.

Et pour ton amie !

Mme. HAPPY.

Et pour l'Europe !

M. HAPPY.

Et pour celui qui l'a pacifiée !

AIR : *J'ai vu par-tout dans mes voyages.*

Lorsque ce fils de la victoire
Voit tous ses anciens aggresseurs,
Proclamer hautement sa gloire,
Qu'il doit éprouver de douceurs !

LÉON.

Son unique bonheur se fonde
Sur celui qu'il fait aujourd'hui ;
Il donne le repos au monde,
Et jamais il n'en prend pour lui.

FANNY.

Aussi ?

AIR : *D'Arlequin afficheur.*

Par son courage et ses vertus,
Oui, Rome antique est surpassée :
Marc-Aurele et l'heureux Titus
Se retrouvent dans sa pensée.

LÉON.

De Titus, qu'on vante si fort,
Il n'aura pas la destinée ;
Car il n'a point pu dire encor
« J'ai perdu ma journée ».

Mme. HAPPY.

Sur-tout celle où il rend la mer libre.

AIR : *La trompète appelle aux allarmes.*

Lien mobile des deux mondes,
Thétis ne craint plus nos fureurs ;
Elle peut voguer sur ses ondes
Sans craindre Mars ni ses horreurs,
Comme dans plus d'une occurence
Le héros en fut respecté ;
Aujourd'hui, par reconnaissance,
Il lui donne la liberté.

M. HAPPY.

Et nous en profiterons.

LÉON.

AIR : *Comment te porte-tu.*

Oui, venez chercher la gaité
Sur les bords heureux de la France,
Vous y trouverez la santé,
Et les plaisirs et l'abondance.
Par nos jeux, nos ris et nos goûts,
Que votre humeur soit absorbée,
Et que toujours le splen, chez nous,
Soit marchandise prohibée.

En attendant, ne songeons qu'à notre hymen, et allons en signer les préliminaires.

VAUDEVILLE.

AIR:

Graces au retour de la paix,
Je vais enfin, digne d'envie,
A ton sort, m'unir pour jamais,
Au mien, t'enchaîner pour la vie.
Ah ! je sens qu'après les amours,
Les nœuds d'hymen sont nécessaires.
Pourtant que d'amans, de nos jours,
En restent aux PRÉLIMINAIRES.

Mme. HAPPY.

On fait bien pis.

Sans raison on fait le projet
De briser un lien si tendre;
Je sais que la loi le permet,
Mais les mœurs doivent le défendre !
Époux qui, d'être séparés,
Formâtes les vœux téméraires...
Ah ! puissiez-vous mieux éclairés,
En rester aux PRÉLIMINAIRES.

M. HAPPY.

Un auteur, pour être goûté,
A recours aux préliminaires;
Un amant n'est point écouté
S'il franchit les préliminaires,
Souvent un juge, sans rougir,
Tend la main aux préliminaires;
Tout enfin... jusques au plaisir.
A besoin de PRÉLIMINAIRES.

FANNY.

Bien souvent, avec les auteurs,
Nous voyons le public en guerre;
Puissions-nous, pacificateurs,
Désarmer ce soir le parterre.
Heureux si fixant nos destins,
Et calmant nos craintes amères,
Un traité, scellé de vos mains,
Approuve les PRÉLIMINAIRES.

FIN.

De l'Imprimerie Expéditive, rue Taranne, N°. 35.

www.ingramcontent.com/pod-product-compliance
Ingram Content Group UK Ltd.
Pitfield, Milton Keynes, MK11 3LW, UK
UKHW021955260726
13994UKWH00004B/1763

9 782329 481524